AF259708

SITUATION ACTUELLE

DE LA FRANCE.

MAI 1850.

BRUXELLES.

IMPRIMERIE DE J. H. BRIARD,

RUE NEUVE, 31, FAUBOURG DE NAMUR.

1850

DE LA FRANCE

Un homme d'État, absent de France depuis assez longtemps, désirait connaître l'exacte vérité sur l'état actuel de l'opinion publique, sur la physionomie politique de la nation, sur la force et les dispositions des partis. Il avait beaucoup trop d'expérience pour chercher, en pareille matière, la vérité dans les journaux, dans les publications officielles, même dans les salons diplomatiques. C'est pour lui qu'a été écrit l'aperçu qu'on va lire. Mais plusieurs personnes qui en ont eu communication ayant pensé qu'il pourrait y avoir quelque utilité à le publier, l'auteur le livre à l'impression.

Cette publication ne pouvait avoir lieu en France. Dans la voie de progrès où la France est engagée, on peut y publier, y professer tout excepté la vérité sur un pareil sujet. Un gouvernement ne saurait tolérer des attaques directes contre son principe même, et tout le système du gouvernement républicain en France, toutes ses institutions et sa constitution ne reposent que sur des illusions et des mensonges. Le ministère public, celui-là même qui poursuivait, il y a trois ans, au nom de la monarchie les apôtres républicains, sévit aujourd'hui, au nom de la république, contre les défenseurs de la monarchie. Imprimeurs, éditeurs, journalistes sont tous retenus par la crainte des rigueurs de cette justice de circonstance. C'est donc hors de France qu'il nous faut aller chercher une presse vraiment libre pour publier des réflexions de la nature de celles que nous livrons au public. Si elles sont justes, ceux qui les auront lues les recueilleront et les reporteront en France : on ne peut consigner aux frontières la parole comme les écrits.

SITUATION ACTUELLE DE LA FRANCE.

Mai 1850.

La situation d'un pays en révolution est toujours difficile et pleine de dangers ; mais deux causes particulières rendent la situation actuelle de la France plus critique et plus difficile encore : d'abord le caractère de sa dernière révolution ; ensuite l'extrême confusion qui règne au sein même des partis.

La révolution de 1848 n'est pas une révolution politique, comme celles de 1795, de 1804, de 1814 et 1815, et de 1830, ayant seulement pour but de changer la forme du gouvernement ou la dynastie régnante : c'est une révolution sociale, comme celle de 1789, avec cette différence qu'en 1789 on n'attaquait que les priviléges de certaines classes, tandis que l'on s'attaque aujourd'hui aux principes fondamentaux de tout gouvernement régulier, aux bases même de toute société. Cette agression brutale de la violence contre le droit, de la barbarie contre la civilisation, peut exciter contre la France les craintes et l'animadversion des autres nations, et devenir une question européenne.

Une révolution divise ordinairement une nation en deux partis bien tranchés. En Angleterre, dans les révolutions de 1649, de 1660, de 1688; en France, dans celles de 1792, de 1815, de 1830, on voyait d'un côté des républicains, de l'autre des défenseurs du système monarchique, ou bien la lutte éclatait entre les partisans de deux principes opposés ou de deux dynasties rivales.

Aujourd'hui la France n'est pas même assez heureuse pour que la question de guerre civile y soit réduite à un duel entre la république et la monarchie, ou bien entre deux dynasties. Ces deux grandes divisions s'y manifestent bien; mais chacune est subdivisée en plusieurs partis absolus, intolérants, rebelles à toute transaction, à toute conciliation. Les causes de ce fractionnement, de cette décomposition des deux grandes religions politiques en tant de sectes diverses, ne sont que trop connues: c'est le résultat inévitable de dix révolutions en moins de soixante années. Exposons seulement l'état actuel des partis.

Passons d'abord en revue le parti qui se proclame républicain.

Si l'on excepte un très-petit nombre d'utopistes obstinés, aveugles incurables, qui croient encore à la possibilité d'une république honnête en France, en plein dix-neuvième siècle; des charlatans ambitieux, vaniteux et cupides, la plupart de bas étage, des hommes perdus de réputation ou de dettes, ne pouvant s'élever, faire ou refaire leur fortune qu'au moyen d'un bouleversement général, voilà quels ont été les fondateurs de la république de 1848.

Pour exécuter leur coup de main qui réussit alors au milieu de la stupéfaction et de l'atonie générales, il leur fallut recruter et s'associer les hommes de désordre de toute espèce :

Dans toutes les classes ces êtres fainéants, vicieux, corrompus, qui voudraient s'enrichir et jouir sans travail :

Les étudiants qui n'étudient pas;

Les travailleurs qui ne veulent pas travailler ;

Parmi les prolétaires, les hommes immoraux et crédules à qui l'on fait espérer le partage des biens, la dépouille des riches ;

Enfin, même la population criminelle, les vagabonds, les repris de justice et tous ces bannis de la civilisation qui ne vivent que de vol et de pillage.

Dans les convulsions qui suivirent leur triomphe, tous ces hommes d'anarchie se sont divisés en plusieurs fractions que l'on peut désigner sous les titres suivants :

Républicains modérés : ce sont, d'une part, le petit nombre d'utopistes honnêtes dont nous parlions plus haut; de l'autre, les républicains satisfaits, ceux qui ont déjà tiré de la spéculation révolutionnaire le profit ou la fortune qu'ils en espéraient.

Républicains rouges : ce sont les impuissants copistes des féroces tyrans de 1793 ; ceux qui voudraient essayer de ramener le régime de la terreur, les proscriptions, les confiscations, les échafauds.

Républicains socialistes, communistes, etc., qui prétendent abolir la famille, la propriété, toutes les bases de l'état social ; en un mot, qui, sous un titre ou sous un autre, provoquent la spoliation de tous ceux qui possèdent, au profit de ceux qui ne possèdent pas.

Les républicains modérés sentent bien à quel point sont compromettants les excès de leurs fougueux auxiliaires ; ils voudraient bien les calmer et les ramener aux principes de la civilisation : mais ces derniers sont l'armée de la république dont ils composent toute la force, et les modérés sont bien forcés de suivre ce parti, puisqu'ils s'en sont faits les chefs !

Parmi ces républicains de toutes couleurs, il en est bien peu qui professent de bonne foi, consciencieusement, les doctrines républicaines ; il en est moins encore qui croient à la durée de la république.

Ces diverses catégories de républicains ne forment, du reste, qu'une faible minorité : c'est dans le centre de la France et dans les départements de l'est que les missionnaires républicains ont fait le plus de prosélytes, ou plutôt de dupes, par leurs promesses fallacieuses de spoliation des propriétaires et de partage des biens.

La grande majorité des Français, l'immense majorité dans les classes moyennes et supérieures, ne veut pas de la république, est honteuse de se l'être laissé imposer, et désire sa chute.

Mais cette majorité se compose d'éléments hétérogènes, de trois partis qui diffèrent dans leurs opinions, dans leurs intérêts, dans leurs vœux :

1° Les légitimistes ;

2° Les conservateurs, partisans de la monarchie et de la charte de 1830 ;

3° Les partisans du régime impérial et de la famille de Napoléon.

Les premiers, fidèles à leur principe de droit traditionnel, inviolable, imprescriptible, ne veulent reconnaître pour roi que Henri V. Il y a chez la plupart d'entre eux conviction profonde ; chez beaucoup, reconnaissance et amour héréditaire pour l'antique famille royale de France. Mais il en est aussi qui voient et espèrent, dans une troisième restauration, le retour de certains priviléges, de certaines prétentions, peut-être même de certains abus que repousserait la grande majorité de la nation. La plupart des anciennes familles nobles, le haut clergé, les populations rurales de quelques provinces de l'ouest, voilà ce qui compose principalement ce parti.

Les seconds portent, en général, peu d'affection personnelle à la famille d'Orléans, à l'exception de deux des jeunes princes et de la duchesse qui avaient su se faire aimer. Ils reprochent amèrement au roi Louis-Philippe son système de gouvernement par la corruption, et surtout son indécision et sa faiblesse dans la crise de février. Mais ils tiennent énergiquement au régime constitutionnel, et combattent essentiellement le parti légitimiste, parce qu'ils sont persuadés qu'il veut l'abolir. Les conservateurs comptent dans leurs rangs une fraction de l'ancienne aristocratie qui, ayant adopté les principes de 1789, s'était ralliée au roi Louis-Philippe et en avait reçu des emplois ou des faveurs; la presque totalité des industriels et des commerçants, ainsi que les personnes exerçant les professions libérales; enfin la plupart des petits propriétaires et cultivateurs.

Les impérialistes ne se composent guère que de ce qui reste des anciens serviteurs de Napoléon et de sa famille, et d'un bon nombre d'habitants des campagnes, chez qui le vieux libéralisme de 1815 à 1820 et les chansons de Béranger ont entretenu l'enthousiasme pour le grand conquérant, et qui saluent dans son neveu ce nom magique, rayonnant au milieu des souvenirs de notre ancienne gloire.

On s'abuserait étrangement si l'on calculait la force du parti napoléonien d'après les six millions de suffrages qui, en décembre 1848, ont appelé Louis-Napoléon à la présidence de la république. A cette époque, sous l'impression des catastrophes récentes, en présence d'une assemblée dont la majorité était de telle nature qu'elle justifiait toute espèce de craintes pour l'avenir, on vit voter en faveur de Louis-Napoléon tous ceux qui voulaient exclure le dictateur issu du *National* et appuyé par la majorité de l'assemblée; tous ceux qui voulaient le rétablissement de l'ordre, n'importe sous quel régime; aussi bien les républicains honnêtes que les hommes qui désiraient la chute de la république; enfin la plupart des légitimistes et des conservateurs de 1830 qui votèrent eux-mêmes pour lui, dans le but de rétablir le principe de l'unité du pouvoir, sauf à en changer plus tard le titulaire.

Le parti légitimiste est celui qui a le plus de puissance morale par la position sociale et le caractère des notabilités qui le composent; par son principe immuable qui est, à lui seul, une garantie de stabilité; enfin, parce qu'il a un chef, unanimement reconnu dans tout ce parti et prêt à se présenter.

Le parti des conservateurs de 1830 est le plus nombreux; mais sa mollesse en février 1848 l'a déconsidéré : il n'a point de chef bien reconnu, prêt à agir; à moins de renier ses doctrines, il ne pourrait offrir qu'un enfant sous une régence qui n'est pas même bien déterminée et reconnue sans conteste.

Le parti napoléonien, peu nombreux, n'offrant pour principe qu'un nom; ne s'appuyant que sur d'anciens sentiments et de vieux souvenirs, est celui des trois qui a le moins de forces et de consistance réelles. Si les gouvernants provisoires de 1848 peuvent, sous beaucoup de rapports, être comparés au Directoire de l'an VIII, les temps ne sont plus les mêmes, et, sans être injuste envers Louis-Napoléon, on peut ajouter que l'homme aussi n'est plus le même.

Dans ces trois catégories on peut classer, mais sans en tenir compte, ce que nous appellerons la masse inerte, c'est-à-dire, non pas les gens qui ne clabaudent point, car il est dans la nature des Français de fronder et de crier toujours, quoi que l'on fasse (1), mais ceux qui, tout en déblatérant, n'agissent point et subissent avec une extrême docilité tous les changements dès qu'ils sont accomplis. Ces moutons grondeurs contribuent souvent à amener les révolutions, jamais à les empêcher ni à les terminer.

Ces trois partis antirépublicains peuvent bien se

---

(1) M. de Lamartine, l'un des pères de la république, le dit lui-même: « La France est opposition, avant tout. » (*Conseiller du Peuple*, avril 1850, page 164.)

réunir momentanément dans les luttes sociales, lorsqu'il s'agit de combattre contre les anarchistes pour
la défense de la famille, de la propriété, de la civilisation : ils l'ont fait en juin 1848, en janvier et en
juin 1849; mais, dès qu'il s'agit de reconstruire
l'édifice politique, ils redeviennent ennemis.

Si les deux premiers voulaient et pouvaient se
mettre d'accord et agir de concert, la république ne
durerait pas deux mois. Isolément, chacun agissant
dans son seul intérêt, ils sont impuissants pour sau-
ver la France.

Entre le communisme républicain qui la mine et
des défenseurs ainsi divisés, la malheureuse France
vit au jour le jour, dans des transes continuelles,
dans l'attente de nouvelles crises, s'appauvrissant,
s'épuisant de plus en plus, et s'agitant péniblement
dans une voie bordée de précipices et sans issue.

Sa situation intérieure est aussi déplorable que
ses relations extérieures sont inquiétantes.

A l'intérieur, ébranlement ou ruine de presque
toutes les fortunes; détresse ou gêne universelle :
l'agriculture, l'industrie, le commerce, qui ne peuvent prospérer que par la sécurité présente et à venir, languissent et laissent trop souvent sans travail
une nombreuse population ouvrière que le besoin
aigrit et livre aux fauteurs d'anarchie : en tous lieux
et sans cesse des désordres plus ou moins graves; la
sédition partout et toujours imminente; l'autorité

incertaine, faible et timide sous une constitution qui semble combinée tout exprès pour fournir des prétextes à la résistance et à l'insurrection : plus de confiance, plus de crédit ; les capitaux se cachent ou passent à l'étranger ; les revenus publics, malgré des impôts écrasants, diminuent en proportion de la gêne générale ; la situation financière devient de plus en plus critique. L'unique ressource, pour éteindre un déficit énorme ancien et nouveau, serait un nouvel emprunt ; mais un gouvernement révolutionnaire, tel que celui qui depuis deux ans et demi pèse sur la France, trouverait-il des prêteurs à un taux supportable ? On prête à une monarchie constitutionnelle, parce que l'on a pour garantie l'engagement et l'intérêt de trois pouvoirs légaux et solidaires ; on prête même à un gouvernement despotique, parce qu'un despote ne peut guère faire banqueroute sans risquer son trône ou sa vie ; mais quelle sécurité présente un pouvoir unique et absolu exercé par sept cent cinquante individus irresponsables et que le caprice des masses électorales peut changer sans cesse ?

Vis-à-vis des puissances étrangères, la position de la France est équivoque et fausse, pleine de difficultés et de dangers. L'Angleterre, habile à profiter des divisions des États du continent et surtout de nos discordes et de nos fautes, l'Angleterre, qui prévoyait bien que la catastrophe de février 1848 devait anéantir pour de longues années la puissance, les forces et toutes les sources de prospérité de son ancienne rivale, s'est empressée de reconnaître la république, et cherche à la compromettre en toute occasion dans l'intérêt anglais. Quant aux puissances continentales, elles n'ont pu voir sans inquiétude triompher en France une démagogie désordonnée, turbulente, agressive. Ces inquiétudes étaient-elles sans fondement? Dès que la révolution de février fut accomplie, les démagogues, les anarchistes de tous les États voisins y répondirent par un hourra général de sédition. Le bon sens de la nation Belge la garantit du bouleversement. Dans d'autres pays, la fidélité des armées et l'énergie des chefs réussirent à comprimer les factieux, à maintenir ou à rétablir l'ordre. Après des luttes vives et sanglantes, toutes les républiques écloses ou avortées en Allemagne et en Italie, à Berlin, à Vienne, sur les bords du Rhin, à Bude, à Rome, à Florence, à Gênes, à Venise, ont été étouffées dans leur berceau. La république française est la seule qui reste debout. Les puissances européennes, assez occupées jusqu'à présent de leurs propres dangers, semblent avoir adopté le système de laisser, en toute liberté, les Français assouvir leurs passions désordonnées et épuiser leurs forces dans leurs luttes intestines. Mais, pour conserver cette attitude d'observation inquiète, l'arme au bras et sur le qui-vive, elles sont obligées d'entretenir sur le pied de guerre un million d'hommes qui exige une dépense d'un milliard par an. Auront-elles la patience de supporter cette charge énorme pendant plusieurs années, en attendant qu'il plaise à la France de se calmer et de rentrer enfin dans un état normal? Si ce moment se faisait trop attendre; si de nouvelles crises éclataient; si la France continuait à être un foyer d'anarchie où les révolutionnaires de toute l'Europe seraient sûrs de trouver un refuge et des secours pour revenir plus tard se ruer de nouveau sur leur patrie; s'il subsistait encore sur toute l'étendue de l'Allemagne et de l'Italie une traînée de poudre dont la mèche fût à Paris; alors les puissances continentales pourraient se déterminer à prendre des mesures plus efficaces : elles pourraient se décider à poursuivre leurs ennemis jusque dans leur asile et à venir étouffer l'anarchie au lieu même de sa naissance, dans son dernier repaire, en obligeant la France à adopter enfin, non pas tel ou tel souverain, mais un gouvernement normal et régulier, présentant des garanties réelles pour la paix de l'Europe et le repos des États voisins. Certes, la bravoure du Français est devenue proverbiale; les preuves en sont écrites à toutes les pages de l'histoire, et elle peut inspirer une confiance justifiée par une longue série de victoires éclatantes et par des revers même qui n'ont jamais été sans gloire; mais la plus brillante valeur doit enfin succomber sous le nombre, et la vieille garde elle-même, cette phalange de héros, n'a pu que mourir à Waterloo. Si la France, en proie à des divisions intestines, appauvrie, sans alliés, voulait lutter contre l'Europe pour soutenir la république de 1848 et son absurde constitution que repousse la majorité des Français eux-mêmes, la France succomberait, avec gloire sans doute, mais succomberait inévitablement dans cette lutte aussi téméraire qu'insensée.

Dans sa position doublement fausse à l'intérieur comme à l'extérieur, l'étrange gouvernement qui régit aujourd'hui la France, et qui déjà n'a plus guère de république que le nom, n'a pu se maintenir jusqu'à présent sans guerre étrangère et sans guerre civile déclarée, qu'en marchant dans un sens contraire au principe et à l'esprit de la révolution de février : au dedans, en réprimant les excès et les tentatives de révolte d'une démagogie effrénée; au dehors, en abjurant la propagande et le don-quichottisme révolutionnaire ; en rentrant dans les voies du droit social et du droit politique, et en envoyant ses bataillons républicains renverser une république dont l'existence compromettait la paix de l'Europe.

Pour nous tirer d'une situation si critique et si alarmante; pour conjurer les dangers qui nous menacent, voyons ce que font les grands pouvoirs de l'État, ce que méditent les hommes supérieurs et expérimentés ; voyons si l'avenir nous offre quelque espoir de sortir enfin de ce déplorable provisoire.

Quelque bonnes que puissent être ses intentions, que peut faire un président enlacé dans des rets constitutionnels tellement serrés qu'ils ne lui laissent aucune possibilité de mouvement ni d'action ? Que peut faire par lui-même un pouvoir exécutif qui n'est rien que le bras d'une assemblée législative et administrative tout à la fois ; qui dépend d'elle, est responsable envers elle et tenu d'exécuter tout ce qu'elle ordonne ; enfin, qui ne peut gouverner et administrer que sous la direction de cette assemblée ?

Les grands corps de l'État et les conseils généraux fonctionnent tant bien que mal, en suivant docilement et machinalement le sillon que leur trace l'absurde constitution octroyée à la France par les grands hommes de février. Ils semblent s'effrayer à la seule pensée de toucher à cette arche sainte du génie révolutionnaire ; toute leur énergie se borne à quelques demi-mesures de défense, à jeter quelques fascines en travers du torrent. Fermant les yeux pour ne pas voir le péril, tant que la fusillade de l'émeute ne vient pas les réveiller, ils végètent un jour après l'autre, laissant à la Providence le souci de l'avenir.

Nos hommes d'État les plus habiles croient faire

assez pour le moment en défendant la famille, la propriété, la civilisation menacées, et n'osent aborder la question fondamentale de la reconstitution de l'État et du pouvoir. Ils savent pourtant bien que les deux questions sont connexes; qu'il est impossible de faire de l'ordre avec des éléments de désordre; de fonder et d'organiser un état de choses stable et régulier sous une forme de gouvernement et une constitution combinées pour établir un état permanent de révolution et d'anarchie.

Presque tous, heureux d'ajourner le danger et la solution d'une question qui les effraye, manifestent, sincèrement ou non, un respect scrupuleux pour la légalité issue de 1848, pour une constitution qu'eux-mêmes, d'accord avec tous les hommes de sens, déclarent détestable. On s'étonne de ces protestations d'une fidélité au moins suspecte pour ce code de désordre et d'agitation perpétuelle : on se demande si c'est par de pareils moyens, par des détours, par des manifestations fallacieuses, que doit être défendue une cause juste, noble, la cause du pays tout entier; à qui l'on peut espérer d'en imposer par ces semblants de républicanisme, et s'il n'y a pas d'autre moyen de ramener le Français à la raison que de le tromper. La république, disent-ils, est ce qui nous divise le moins : est-ce parce que personne n'en veut? Étrange manière de mettre les partis d'accord! Cependant la plupart font enten-

dre que l'on risquerait de tout compromettre par
trop de précipitation à soulever des débats irritants, et
conseillent de se conformer, pour la révision et la
modification de la constitution, aux délais et aux
formes qu'elle-même a fixés. Faiblesse et décep-
tion ! Cette société tout entière qui souffre depuis
deux ans, ces propriétaires que nos convulsions
ruinent, ces commerçants sur lesquels plane la
faillite, ces ouvriers sans travail, prendront-ils patience pendant deux ans encore? Comptez-vous avec
l'imprévu qui se joue si souvent des calculs les plus
habiles? Songez-vous aux progrès que peut faire
encore en deux années la propagande anarchique?
Et qui vous répond qu'alors, grâce à vos institutions dissolvantes, les élections ne vous amèneront
pas une majorité infectée de doctrines antisociales?
Puis, si par miracle vous parveniez à atteindre
sans catastrophe ce terme tant désiré, vous vous
apercevriez alors que cette promesse de révision
n'était qu'un leurre, et que la constitution ne peut
pas être constitutionnellement revisée ni modifiée.
Son article 111, sur lequel votre espoir se fonde,
exige, pour le vote d'une révision, les trois quarts
des voix et la présence de cinq cents représentants
au moins. Or, consultez la statistique de l'assemblée
actuelle et vous verrez que, sans même compter le
tiers parti dont l'assentiment unanime serait fort
douteux, le parti montagnard forme plus du quart

du nombre des représentants et pourrait, dès lors, par sa seule volonté ou simplement par son absence, rendre toute révision, toute modification impossible. La France qui a usé huit constitutions en moins de soixante ans ; la France qui a déchiré sans scrupules la constitution de 1791, la constitution Impériale, les chartes de 1814 et de 1830, serait condamnée à la constitution Marrast, Cormenin, Ledru et compagnie, à perpétuité !

Cependant de tous les faits que nous avons rappelés, de toutes les observations qui précèdent, il résulte évidemment pour tout homme de jugement et d'expérience :

Qu'il ne peut y avoir pour la France repos et prospérité au dedans, paix et dignité au dehors, tant qu'elle conservera son gouvernement républicain, son inconséquente et inexécutable constitution ;

Qu'il est de toute impossibilité que le gouvernement républicain subsiste en France ;

Qu'il est plus que difficile, plus qu'improbable qu'il puisse s'y maintenir, tel qu'il existe aujourd'hui, jusqu'en mai 1852 ;

Que si pourtant, à force de prudence et de ménagements, à l'aide d'une demi-fermeté et de demi-faiblesses employées à propos ; louvoyant avec adresse au milieu de tant d'écueils, de tant de dangers intérieurs et extérieurs, ce gouvernement parvenait à se traîner péniblement, mais sans naufrage, jusqu'au terme du bail de trois ans qui lui a été passé par la Constituante, la crise ne serait qu'ajournée ; à cette époque la lutte éclaterait inévitablement, plus vive encore et plus acharnée, en raison de la violence des partis irrités de plus en plus par une longue attente et de longues souffrances et des progrès qu'aurait faits la propagande anarchiste dans les provinces.

A quoi faut-il donc nous attendre ? N'y a-t-il aucun moyen de sortir d'une situation aussi critique, aussi menaçante ?

Tous les publicistes de bonne foi et de quelque portée seront, je crois, d'accord sur ce point, que le seul gouvernement qui puisse convenir à la France actuelle et lui rendre le repos, est une monarchie héréditaire, tempérée, mais forte ; représentative, mais non pas *entourée d'institutions républicaines*. Pour établir un pareil gouvernement, il faudrait que tous les hommes monarchiques se réunissent franchement, sans arrière-pensée, sans s'égarer dans de vaines théories sur la source et le principe de cette monarchie, sur le droit divin des couronnés et la souveraineté du peuple, doctrines abstraites et absolues dont il serait impossible de poursuivre rigoureusement les dernières conséquences sans arriver aux conclusions les plus étranges. Mais comment obtenir des hommes de parti qu'ils renoncent à des doctrines, même à des préjugés qu'ils ont soutenus longtemps, sur lesquels ils ont assis leurs intérêts et leurs espérances? Le temps, l'expérience et surtout les rudes leçons du malheur peuvent seuls les amener à de pareilles concessions.

Nous avons dit plus haut et nous persistons à croire qu'une alliance franche et hautement proclamée entre les deux branches de l'ancienne dynastie royale ferait bientôt tomber l'éphémère république de 1848. Mais cette alliance est-elle possible aujourd'hui? Lors même que les chefs la concluraient de bonne foi, serait-elle acceptée, ratifiée par leurs partisans? Vainement soixante années de révolutions successives ont-elles opéré entre les diverses classes de la société des mélanges de tout genre; il subsiste encore entre la bourgeoisie d'autrefois et les anciennes classes privilégiées, sinon une antipathie traditionnelle, du moins une méfiance réciproque. A tort ou à raison, la branche restaurée en 1814 est toujours considérée comme identifiée avec l'ancienne noblesse, avec ses prétentions de suprématie et de prérogatives; tandis que la branche inaugurée en 1830 est regardée comme la protectrice des institutions constitutionnelles et de l'influence des classes moyennes. Dans l'accord entre ces deux branches, la bourgeoisie d'une part, l'ancienne aristocratie de l'autre pourraient craindre d'être sacrifiées à des intérêts dynastiques, et chacune des deux branches verrait peut-être ses parti-

sans l'abandonner sans passer du côté de son al-
liée. Comment dissiper ces préventions? Comment
rassurer ces amours-propres et ces intérêts alarmés?
Il ne faudrait pour cela rien moins que des engage-
ments formels, des déclarations authentiques bien
loyales, bien précises, et rien de semblable n'a été
proclamé. Encore est-il douteux que des proclama-
tions de cette nature inspirassent à la nation une
entière confiance : et pourtant, dans la France du
dix-neuvième siècle et surtout dans l'état actuel des
esprits, le pouvoir souverain, pour être fort et stable, a besoin d'un assentiment presque unanime, et,
si l'on peut s'exprimer ainsi, du sacre de l'opinion
publique.

S'il restait en France quelque peu de cette vigueur qui s'y manifestait avant que l'argent ne fût
devenu notre Dieu, le lucre notre morale, et la
bourse le temple de la patrie ; si chacun osait affi-
cher son opinion et proclamer hautement son vote,
la question capitale, celle du mode de gouvernement, celle que les escamoteurs de février eux-
mêmes avaient solennellement reconnu devoir être
soumise au vote de la nation, pourrait être enfin
décidée par une manifestation spontanée, énergique
de l'assemblée nationale, des divers corps de l'État
et des conseils généraux.

— Mais de pareilles manifestations pourraient
faire éclater la guerre civile!

— Espérez-vous donc pouvoir l'éviter? Qui sait même si un acte solennel, décisif, n'aurait pas au contraire pour effet de prévenir, si cela est possible, cette guerre funeste? Il mettrait les divers partis dans la nécessité de se montrer au grand jour et de dévoiler leur force réelle : on verrait combien il existe de républicains en France. Alors peut-être les partis qui se reconnaîtraient évidemment trop faibles, se résigneraient à se retirer de la lutte ou à se rapprocher de celui qui s'éloignerait le moins de leurs principes et de leurs vœux. La détermination et l'exemple des représentants de la nation et des notabilités de l'État entraîneraient sans doute la grande majorité de la garde nationale, ainsi que l'armée. Devant un concours aussi imposant de volontés et de forces, les opposants sentant eux-mêmes leur impuissance, l'établissement d'un gouvernement régulier et normal pourrait peut-être avoir lieu sans combat.

Plût au ciel que ce vœu des vrais amis de la patrie pût se réaliser bientôt! Il serait permis à la génération actuelle de jouir enfin de quelques jours de repos et d'espérer de revoir encore la France heureuse et florissante!

Mais si malheureusement il n'existe plus dans les représentants et les sommités de la nation assez de virilité pour prendre une détermination pareille et pour la soutenir, alors il ne reste à la situation ac-

tuelle que deux issues : la guerre civile, ou l'invasion, peut-être toutes deux à la fois.

Lorsqu'une nation se trouve dans une situation
intolérable, lorsqu'une partie est opprimée ou me-
nacée par l'autre à tel point qu'aucune conciliation
ne soit possible, la guerre civile est inévitable; elle
éclate tôt ou tard. Aujourd'hui tous ceux qui possèdent sont opprimés ou menacés par ceux qui ne
possèdent pas : une poignée de misérables tribuns,
à la tête de prolétaires vicieux qu'ils enrôlent par
l'espoir du pillage, s'avancent, soi-disant pour soutenir la république, en réalité pour démolir à
leur profit la société elle-même. Nous avons ex-
posé plus haut comment les républicains modérés étaient entraînés et forcés à faire cause commune avec ces hommes d'anarchie; nous avons
vu comment, dans l'attente d'une collision inévitable, toutes les classes souffrent, gémissent, s'irritent
et appellent de tous leurs vœux une solution quel-
conque qui rende au pays la paix et la vie. Si cette
solution se fait trop attendre; si l'imprévu qui joue
un si grand rôle dans les destinées de notre nation
fantasque et irréfléchie, ne la sauve pas par quelque
miracle inespéré, la guerre éclatera quand tout le
monde sera à bout de patience et de ressources.

La guerre civile! oui, certes, c'est un malheur
affreux! personne plus que nous ne la déteste et ne
gémirait de voir nos concitoyens réduits à cette fa-

tale extrémité. Mais c'est un fléau malheureusement inévitable chez tous les peuples inquiets et turbulents; c'est un mal inhérent surtout à l'état démocratique où les passions et les ambitions constamment surexcitées fermentent et s'agitent sans cesse avec une entière liberté. N'exagérons rien, pas même les sentiments les plus généreux, et ne nous en laissons point imposer par cette philanthropie fausse et traîtresse qui a pour résultat de protéger le crime et de sacrifier les gens de bien, de livrer les nations sans défense aux violences des factieux et aux coups de fusil de l'émeutier. Philanthropes révolutionnaires qui criez si haut que la guerre civile est impie et sacrilége, que faisiez-vous donc à Paris en février, en mai, en juin 1848, et en juin 1849? à Rouen, à Lyon? Éprouviez-vous alors quelques scrupules ou quelques remords d'allumer ainsi la guerre civile? A vos yeux elle est patriotique et sainte lorsqu'on se révolte contre les lois et l'autorité; elle est criminelle et fratricide quand on se lève contre la révolte! Lorsque des passions égoïstes, effrénées ont éteint dans tous les cœurs l'amour de la patrie; lorsque des dissensions éclatent tellement inconciliables que tous les moyens légaux deviennent impuissants; il n'y a plus que la force qui puisse rétablir l'ordre et la paix. Mieux vaut alors cent fois la force nationale seule; mieux vaut que nous ayons du moins le courage de vider entre nous et en famille nos déplorables querelles intestines que si l'étranger, encouragé par notre faiblesse et profitant de nos divisions, était obligé de venir faire la police chez nous et nous imposer la paix.

Ce qui est impie et sacrilége c'est de précipiter sa patrie dans tous les désordres, dans tous les malheurs, dans tous les dangers d'une révolution pour assouvir les ambitions, les jalousies ou les haines de quelques intrigants ou de quelques misérables vaniteux et cupides : la guerre civile qui réprimerait ces désordres et ces crimes serait l'opération cruelle, mais nécessaire, qui sauve le malade en danger de mort.

Les lois de Solon infligeaient de graves peines à tout citoyen qui, dans les discordes civiles, ne se déclarait pas ouvertement pour l'un ou l'autre des partis opposés.

Oui, si nous sommes réduits à choisir entre ces deux fléaux, mieux vaut encore la guerre civile; elle est moins fatale et surtout moins honteuse. L'invasion c'est l'étranger accueilli, sinon appelé par une partie de la population; l'étranger se présentant comme ami, comme libérateur et agissant en conquérant et en maître; ce sont toutes les humiliations du vaincu subies par les deux partis : c'est la dévastation de nos campagnes et la désolation de nos villes; des réquisitions, des contributions de guerre et des milliards d'indemnités qui tarissent pour longtemps toutes les sources de prospérité; c'est l'occupation prolongée de notre patrie par des protecteurs hostiles; des canons étrangers braqués sur nos quais, sur nos places, comme en 1815 : c'est un bail à long terme de misère et de honte.

Quel est celui d'entre nous qui, ayant le malheur d'avoir une querelle personnelle à vider, souffrirait qu'un voisin, fût-ce même un ami, vînt s'interposer entre son adversaire et lui et se battre à sa place?

Il est même fort douteux que l'invasion nous préservât de la guerre civile; les espérances ou les craintes des partis pourraient bien la faire éclater à l'approche des armées étrangères.

Enfin cette intervention serait un malheur même pour le pouvoir dont elle faciliterait l'avénement. Ses ennemis ne cesseraient de lui reprocher son origine, et lui jetteraient chaque jour, avec plus ou moins de succès, les qualifications toujours fâcheuses de *pouvoir imposé par l'étranger, venu à la suite de l'étranger.*

Oui, encore une fois, vienne la guerre civile plutôt que l'étranger ! Si ce sentiment vraiment national trouvait en France des échos, il semble qu'il n'y aurait plus qu'à dire : « Prenons les armes et marchons! » Mais la situation que nous ont faite nos passions aveugles, notre démence et notre faiblesse, est telle qu'il ne nous est pas même facile de recourir à cette triste et dernière raison des peuples révolutionnés.

Pour faire la guerre civile, il faut une volonté commune, un drapeau, des chefs. Ces trois éléments indispensables, nos adversaires les possèdent ; nous, les hommes d'ordre, nous ne les avons pas.

Les Révolutionnaires (nous comprenons sous cette dénomination générale les républicains de toutes nuances et les anarchistes, désormais alliés, surtout depuis les dernières élections), les Révolutionnaires ont des chefs bien connus ; un drapeau qu'ils élèvent hautement et parfois même sans pudeur ; une volonté prononcée, un but fixe, l'anarchie, comme en 1848, pour exploiter toute la France ; pour les uns, pour les chefs surtout, la curée des emplois et des finances de l'État ; pour les autres, pour la milice du parti, le pillage des propriétés, *la dépouille des riches*, suivant leur langage.

Les hommes d'ordre, partisans du système monarchique, sont loin d'être unis dans une même volonté et pour un même but. Nous l'avons déjà dit, au lieu de se ranger sous le même drapeau, ils en ont trois qui sont les guidons des trois partis différents entre lesquels ils se divisent. L'un de ces drapeaux, l'enseigne blanche des légitimistes, est, à tort ou à raison, considéré comme le signal de l'abolition de toutes les institutions constitutionnelles. Un autre, l'étendard tricolore relevé en 1830, est regardé comme l'emblème des libertés publiques, mais il présente aussi l'idée d'une monarchie représentative trop faible en présence d'une liberté trop désordonnée. Un troisième, également tricolore, mais surmonté d'un aigle, rappelle les nombreuse victoires, mais aussi les derniers revers de l'Empire : il représente aujourd'hui des idées d'ordre et de retour aux principes conservateurs de toute société; comme symbole politique, on ne peut savoir encore quel serait son caractère. Ces trois partis n'ont pas de chefs, du moins avoués et se montrant disposés à agir.

Il y aurait double guerre : d'abord guerre sociale, pour défendre contre la jacquerie républicaine la famille, la propriété, la liberté, tous les droits légaux; puis guerre de partis, pour la forme du gouvernement et le chóix du chef de l'État; à moins qu'une combinaison plus favorable de circonstances ne donnât, dans un seul combat, la solution des deux questions à la fois.

Quelle perspective ! au milieu de ces convulsions, que réserve l'avenir à cette nation qui possède les éléments de tous les succès et qui, pour être heureuse et prospère, n'aurait qu'à le vouloir ?

Si l'Assemblée et les grands corps de l'État manquent d'énergie et de résolution et continuent à s'user dans une agitation stérile;

Si les partis monarchiques ne peuvent se réuni

dans les circonstances actuelles, et si aucun d'eux ne peut réussir isolément ;

Si la guerre civile elle-même devait se prolonger longtemps sans résultat définitif, à cause du nombre et du fractionnement des partis ;

Qu'arriverait-il donc ? La France devrait-elle périr des suites d'un accès de démence épileptique ?

— Non, sans doute ; nous l'espérons du moins ; mais, en courbant si honteusement la tête sous le joug des ignobles héros de février, la France s'est abandonnée elle-même. Messaline politique, elle s'est prostituée à des amants de la même espèce ; elle le sent, elle en rougit, et le paye chèrement depuis deux ans. Il faudrait désespérer de son salut si elle était incapable de se relever elle-même d'un pareil abaissement. Elle y réussira si quelque étincelle du vieil honneur français couve encore au fond de nos cœurs. Et quand même, ce que nous ne voulons pas croire, la partie saine de la nation aurait perdu toute énergie, peut-être quelque heureux incident nous ferait-il échapper à la fatale extrémité d'une guerre civile ou d'invasion. La France, lasse de souffrir, de languir, de s'épuiser ; perdant tout à la fois espoir et patience, voudrait enfin se réfugier sous un pouvoir très-fort, et serait disposée à se livrer au premier qui montrerait assez de vigueur pour dompter les factions anarchiques. Peut-être, au moment même ou à la suite d'une crise nouvelle, surgirait-il un de ces hommes que la Providence semble garder en réserve pour les catastrophes des empires. Un homme de tête, de cœur et de main, saisissant l'autorité dictatoriale et imposant à tous par sa vigueur, ferait faire silence, et, sous la compression d'une main de fer, forcerait les convulsionnaires au repos. Au milieu du chaos général où nous nous débattons vainement, de tant de partis hostiles, de la lutte des principes, de la confusion des idées et des doctrines, d'une démoralisation presque générale, et du déchaînement de toutes les passions, il ne faudrait rien moins qu'une volonté ferme et irrésistible, avec une puissance illimitée, pour rétablir un peu d'ordre dans notre société bouleversée et lui rendre quelque sécurité. Cette période, plus ou moins longue, de pouvoir unique et absolu, serait une époque de transition et de trêve forcée entre les partis : sans rien décider définitivement, elle permettrait à la société de se rasseoir, aux passions de se calmer ; elle étoufferait les factions antisociales ; enfin ce purgatoire politique amènerait la nation à mieux apprécier les avantages d'un système monarchique tempéré, et lui en ferait désirer plus vivement le retour. Là peut-être serait le salut de la France. Pour un homme qui ne serait animé que d'une ambition noble, loyale et généreuse, il y aurait là une belle place encore inoccupée à conquérir dans l'histoire.

Si la France était impuissante à se relever elle-même et si le ciel ne nous suscitait pas un pareil sauveur, il ne nous resterait qu'à subir les funestes conséquences de nos égarements et à former ce dernier vœu : Puisse la France, après tant de malheurs trop mérités, ne pas s'en attirer de plus grands encore, et ne pas être définitivement privée de ces libertés dont elle n'a su faire usage que pour sa propre ruine !

F. D.,
Ancien administrateur.